鳥取大学CoREブックレットシリーズNo.6

子どもとのより良いかかわりを育むための一人で学べる体験型ワークショップ

～困難状況で自分と子どもを大切にするために～

・ ・ ・ ・ ・ ・ ・ ・ ・ ・ ・ ・

角南　なおみ　著

イラスト：堤　晴彩

伝統の「社会貢献力と地域共創の心」で紡ぐ
新しい時代の地域へ

　鳥取大学の教育と研究の力で、地域の課題を、地域とともに解決していく―先人たちが積み上げてきたこの誇るべき伝統を礎に生まれた地域価値創造研究教育機構は、「どんな地域の課題も見逃さず、どんな困った人も置いていかない地域貢献の拠点」として、ステークホルダーの皆様とともに、地域を繋ぎ、絆を紡ぐ取り組みを行っています。

　当機構が支援する多様な教育・研究や事業の成果は、研究発表や学術論文など様々な形で公開されていますが、その成果を広く皆様の地域でも有効に活用していただけるよう、より身近で手軽なブックレットの形にしてお届けいたします。

　どこにでもありそうな地域の課題を、どこにもない特別な魅力として地域の宝に昇華させていく。鳥取大学の教職員が、そこに暮らす皆様と、関係機関と、地域一体となって協働連携して取り組んだ歩みを、皆様と共有できたら幸いです。

　今に生きる私たちの試行錯誤のひとつの解が、より良い地域を目指す皆様の羅針盤となり、少し先の未来の新しい価値創造へと繋がることを心より願っています。

　2023年3月

　　　　鳥取大学理事（地域連携担当）・副学長／
　　　　地域価値創造研究教育機構（CoRE）機構長　薮田千登世

目　次

はじめに

　本書は、教師、保護者を含む専門職の方を対象に、対応が難しい子どもとの関わりを再検討する過程でご自身を大切にされることを目指して執筆しました。その内容は、筆者がこれまで行ってきた教師と子どもに関する研究、スクールカウンセラーとしての経験、教育困難校における職員研修の実践に基づいています。したがって、子どもの変容を目的とし教師の指導方法を提示するという従来の内容とは一線を画しています。具体的には、"教師や保護者、子どもを取り巻く大人が自身を大切にする"という視点を意識しながら、仕事や関わりに対する意欲ややりがいの概念である"エンゲージメント"を促すようなワークを全章で取り入れています。ワークを実践に生かした結果として、子どもとの関わりに小さな変化が生じることでしょう。

　学校現場は多くの子どもが在籍し学級という集団の中で教育が行われますが、子どもは発達障害傾向を含めてそれぞれ個性と背景を持っており、一斉指導では円滑に進まない場合も多くみられます。対応が難しい子どもに対する実践的な検討のために、本書では以下の2つのワークを設定しました。1つは、子どもとの関わりにおける困難な状況を想起しながら個人で取り組むワークです（個人ワーク）。ぜひメモしたり書き込みながらご自身の関わりを振り返っていただきたいと思います。もう1つは、実際の研修を参考にした全体ワークです。個人ワークを活用しながら理論と実践の理解を深めていただきます。このワークショップの実施過程で、ご自身と子どもの中にこれまで気づかなかった温かい光が見えてくることを願っています。

　子どもと関わるみなさまがご自身も大切にされることは、子どもたちにとって重要な鍵になると考えています。

2023年3月

角南なおみ

第1章　学校における困難状況

1．ワークショップの前に

　本書は個人ワークと全体ワークから構成されています。個人ワークに取り組んだ後に、全体ワークとしてA小学校で行われたワークショップを例に挙げました。実際に参加していただいている感覚で理解を深めていただければと思います（注：ワークショップの内容は、個人や地域が特定されないように複合的に構成し一部改変しています）。

　A小学校は市街地から少し離れた場所にある小規模小学校です。最近、授業が成立しないような教育困難な状況になっていて、先生方が大変困っているということでした。その後伺ったときは、困っているという状況を通り越して、先生方は疲労困憊しているように見えました。

　具体的には、高学年の子どもが授業に参加しない、図書室や保健室を荒らす、授業中に出歩き体育館や外で遊ぶ、学校の道具や設備を壊すなど……。そのため、図書室、保健室、体育館、理科室、家庭科室などいくつもの場所に鍵をかけなければいけないほどでした。

　他の子どもたちも授業中に教室で先生の話を聞かず、大きな声で雑談をしながら自由に過ごしていました。先生の指導や注意も全く聞いていません。高学年がこのような状況であるため、低学年の子どもたちも落ち着かず、できていたことができなくなるなど不安定になっていました。

　・子どもが教師の話に耳を傾けない
　・授業が成立しない

教師にとってこれ以上辛いことはないのではないでしょうか。

　この状況が続く中、教育委員会の方から筆者にA小学校の職員研修の依頼がありました。授業が成立せず、大変な状況で先生方も疲れ果てている、なんとかこの状況を改善するために困難場面の対応方法を具体的

に示してほしいということでした。

　目に余る暴力行為や暴言など他者に迷惑をかけるような言動が頻繁に
みられ、教師は当然指導しなければなりません。ところが状況を聞いて
いると、指導を重ねるほど子どもたちは反抗し、教師との関係が悪化し、
さらに指導が入りにくくなり、教師が疲弊していく、このような悪循環
が生じているように感じました。

　次に私が感じたことは、以下の内容でした。

　先生方は今どのようなことに最も困り、何を感じているのだろう。
そして、この厳しい状況でどのようなニーズを持っておられるのだろう。

　職員研修会の前に先生方の思いとニーズを直接聞く必要があると考え
ました。なぜなら、周囲からみた推測と教育現場の先生方との捉え方は
違うこともあるからです。なにより、この状況でニーズがあるのかどう
かも疑問でした。“その日一日” を子どもたちと過ごすことに精一杯だと
思いました。

　そのため、その場で教育委員会の方にアンケートを取ることを提案し
てみました。先生方の実際の困難感や思いを理解したうえでニーズに
沿った内容でなければ、このような状況で新たな対応を提案しても、目
の前のことに追われ余力がなく実践が難しいのではないかと感じたから
です。

　アンケート方法は、先生方が記入したアンケート用紙をそれぞれ封筒
に入れ糊で封をした後、学校でまとめて筆者に郵送してもらいました。
尋ねた内容は以下の通りです。

最近困っていること
　　・子ども（気になる様子を具体的に）
　　・それについての先生のお気持ちと困っている内容
　　・学校・同僚について気になること・困っておられること

その後、送られてきた先生方のアンケート用紙を見て、いかに困難な状況かが伝わってきて言葉がありませんでした……。そこには、努力しても悪化していく状況に対して疲れ果てている、いつまで頑張れるのかわからない、何をどれだけやればよいのかわからない、周りもあまりに大変で相談できる状況でない、それぞれが努力しているが改善せず学校全体として変化がみられない、先が見えない不安、教育とは何なのか？などが切実な思いとともに書かれていました。

　この内容を見て暫くしてから考えたことは、子どもの問題行動の対応の前に"先生方に対して何かする必要がある"ということでした。しかも、カウンセラーとして１対１でなく、全体の場で研修会として。

　そして、改めて子どもの問題行動の対応のみを示すことは先生方のニーズに添っていないと感じました。なぜなら、日々問題が多数生じている状況ではいくら最善を尽くしても事後対応となり、その間にも小さなことも含めて次々に問題が起こっているでしょう。なにより問題行動の対応は、それが起こった後に時間を置いて検討するわけですから、実際に対応するときには難しいことに全く違う状況になっている可能性もあります。

　このように考えると、問題行動の対応だけでは難しく、即効性はないかもしれませんが、もう少し違う視点で根本的な検討をする必要があると思いました。

２．困難状況の中で必要なこと

　社会が複雑化するにしたがい子どもの悩みや問題も深刻化し（文部科学省、2007）、学校を取り巻く状況も困難になっています。また、コロナによる環境の変化など様々な要因が子どもたちに影響を及ぼしていると考えられます。ただし、どれだけ状況が複雑で難しくなり、対応が難しい状況になっても、多くの教師（大人）が日々"子どものために"という思いからよりよい対応を模索しています。

　困難な状況では、教師自身の心理的ケアにつながるような対応を検討

する必要があります。特に、ストレスやバーンアウト（燃えつき）が問題となっています。バーンアウトとは、落合（2003）によると精神的、身体的に消耗し、仕事への意欲を失い、燃えつきてしまうことと説明されています。また、教師のストレスの大部分を占める内容として、子どもとの関係性の悩みが指摘されています（伊藤、2000；日本学校保健会、2004）。教師のバーンアウトについても、教師が子どもとの関係をうまく作れないことがその一因と言われています（別府、2013；都丸・庄司、2005；Hastings & Bham、2003）。

　つまり、うまくいかない困難な状況が続くと、教師はストレスを抱え、バーンアウトする可能性が高くなると考えられます。その大きな要因の1つが子どもとの関係性です。そうであるなら、困難な状況を変えるには子どもとの関わりを少し変えていくことも試してみる価値がありそうです。

　これから行うワークショップで、大切にしたい内容が以下3点です。

子どもとの関係性という考え方

　子どもとの関わりは、学校現場では教育相談という言葉で専門的に使われることもあります。教育相談とは、一人ひとりの子どもをかけがえのない大切な存在として受け止め、発達的観点に立ち援助を図る活動です。それはすべての子どもに対し、あらゆる場面で行われ、子どもを取り巻く環境にも働きかけるもの（角南、2020）と示されています。生徒指導とともに、すべての学習や生活の基盤になると考えられます。

　A小学校の現状として、指導を重ねるほど子どもたちは反抗し、教師との関係が悪化し、さらに指導が入りにくくなり、教師が疲弊していくような悪循環があると仮定した場合、問題行動の対応よりもう少し根本的な内容を検討したいと考えました。その1つが、子どもとの関係性です。

　同じことを言われても、よい関係の場合 "そうか" "自分のために言っ

てくれてるんだな”と思えても、嫌だと思う関係の場合“自分のことを棚に上げて”“この人からだけは言われたくない！”などと思ってしまうこともあるでしょう。このように、“何を”言われたのかよりも、“誰に”言われたのかということが重要なのです。

　そのため、教育困難校において、問題場面を切り取った対応だけでは難しく、日常的に行われている子どもとの関わりに焦点を当てる必要があると考えました。そこで、子どもとの関係性を改めて検討するという視点からワークショップを組み立てることにしました。

エンゲージメントという考え方

　子どもに関わる教師、保護者を含む専門職（以下、子どもに関わる大人）の仕事をする人に対して使われる社会組織学の用語の1つにワーク・エンゲージメント（work engagement）があります。ワーク・エンゲージメントとは、たとえば教師のポジティブな心理的指標を示し、仕事へのやりがいの実感に関する概念として示されています（飯島・山田・桂川、2020）。ワーク・エンゲージメントは疲労困憊し仕事への意欲を失った状態であるバーンアウト（燃えつき）の正反対の概念で、仕事に積極的に取り組む活力ある状態としても定義されています（Schaufeli, Salanova, González-Romá, & Bakker, 2002）。また、ワーク・エンゲージメントは、職務（仕事）に対する効力感（意欲ややりがい）に関連していて、さらに子どもの振る舞いは教師の効力感に影響を及ぼしているといわれます（Kelchtermans、1996）。

　このように考えると、教育困難校では必然的に教師のワーク・エンゲージメントも下がっていることが推察されます。なお、本書では、ワーク・エンゲージメントをもう少し広い範囲で捉え、以降エンゲージメントと表し「ポジティブで充実した心理状態（飯島・桂川、2018）」と定義します。

　本ワークショップを計画するにあたり、教育困難な状況で新たな対応方法を提案することによる教師の心理的負担への考慮と、一定数の子ど

もの問題行動に伴って、教師（大人）の職務（仕事）に対する効力感が低下している可能性から、エンゲージメントに着目した内容を取り入れることにしました。実際私がA小学校に伺ったとき、先生方はかなり疲弊し元気がなく、以前より顔色もよくないようにみえました。

　教育困難な状況においては子どもの問題行動の改善が最優先課題ですが、同じくらい大切なこととして教師（大人）のケアが必要だと思います。子どもが教師の言葉に耳を傾けず、見通しがなく教師が悩み苦しんでいる状態で、新たな対応策、授業方法、子どもや保護者との面談などを提案してもそこに費やす時間的・精神的余裕はもはや残っていないでしょう。そうであれば発想を転換して、このような状況だからこそ、教師（大人）をケアするという考えです。

同僚性という考え方

　チームで取り組む場合は、「同僚性（秋田、2012）」という考え方が有用です。同僚性は、チームの協働、管理職の関与、職場の人間関係の向上に関連しており、バーンアウトを防止するのに重要な機能を果たします（宮下、2013）。おそらく、学校全体で現在生じている困難な状況における様々な思いを共有することや、このような状況でも各自が行っている多様な努力を同僚から認められることなどが同僚性の向上につながると考えられます。たとえ子どもに大きな行動変容がみられなくても、同僚から認められているという思いはエンゲージメントを向上させるうえでとても大きな力になるでしょう。

　同僚性に加え、教師同士の関係性を深めることで自身とお互いを大切にすることにつながると考えられます。

　上記観点に基づいて、ワークショップを3回実施することにしました。
　第1回：多角的な子ども理解
　第2回：自分の実践理解
　第3回：相互作用としての関わり

このワークショップをきっかけに、結果的に先生方が多くの試行錯誤と努力を続けたことで学級や学校が少しずつ変わり落ち着きました。今思い出しても胸がいっぱいになるワークショップの内容を、これからみなさまと一緒に進めていきたいと思います。

　なお、実際のワークショップは小学校の先生方を対象としていますが、先生方を子どもに関わる専門職の総体としてそれぞれの立場に置き換えてお読みいただければと思います。保護者の方は、"わが子の専門家"として、行政を含め子ども支援に関わる方は "子どもの専門家" として。子どもとの関わりの大切さはどの立場であっても変わらないでしょう。

第2章　第1回ワークショップ：多角的な子ども理解

第1回ワークショップの内容
　①困難な状況を言葉にする
　②問題が生じにくい家庭/問題が生じやすい家庭とは？
　③子ども役を演じてみる（ロールプレイング）
　④子どもの頃の経験を思い出す（研究）

1-1-1　困難な状況を言葉にする（個人ワーク）

最初に個人ワークとして、以下の内容をお考えください。

最近子どもに関して困っていること
　そのときの様子を具体的にお書きください

　その様子を見たときの気持ち

　その他、気になること・困っていること

書き込んだワークシートをもう一度眺めていただけますでしょうか。困った状況について、そのときのやり取りを含めてもう少し詳しく具体的に思い出してみてください。

　一番何に困っているでしょうか。そして、なぜ困っているのでしょうか……。

　次に全体ワークで参加している小学校の先生方の意見を聞いてみたいと思います。

1-1-2　困難な状況を言葉にする（全体ワーク）

　それでは、全体ワークに移りましょう。

　最初に事前アンケート内容に沿って、現状の困っている状況について、［子ども・学級］［教師の気持ち］［学校・同僚］をそれぞれポストイットに複数記入してもらい、その後グループ内で共有してもらいました。

先生方の現状の困難感という最も関心のあるテーマのため熱心に話し合いが行われていました（図1）。次に、グループで出された内容を各グループの代表1名が発表することで全体でも共有してもらいました。

図1　ブレーンストーミングの様子

　発表では、困っている状況として、わがまますぎる、不満を強い口調で言う、我慢できないなど子どもの問題行動の動因や様子を示すような内容、そのときの状態や気持ちとして、ストレスの増加、悲しみなどが語られました。全体では、多発する問題に対処することに精一杯で時間をかけてより大きな目標に向かう余裕がないことが伝わってきました。

表1　困難状況についてのブレーンストーミングの内容

子ども・学級		
わがままがすぎる状況に困っている	不満ばかりをとても強い口調でいい聞いてあげたくてもそれができない状況	我慢できない子
気持ち		
児童への対応等でストレス増・したい教育活動ができないこと	暴言が返ってくると悲しい	毎日楽しく子どもと過ごしたい、過ごしてほしいという希望を持っているが文句をずっと聞くことになり悲しい
同僚・学校		
職員の思いがバラバラ、方針対策が決まりにくい	対応について足並みがそろわない	チームで対応ということがまだうまくできていない

2-1-1　子どもの問題が生じにくい家庭（個人ワーク）

今度は少し視点を変えて、次の問いをお考えいただきたいと思います。

子どもがほとんど問題を起こすことのない家庭には、どのような特徴があるでしょうか

思いついたことを自由にお書きください。

2-1-2　子どもの問題が生じにくい家庭（全体ワーク）

では、全体ワークショップに戻りましょう。先生方からいろいろな意見が出されました。

子どもがほとんど問題を起こすことのない家庭

- ・温かい家庭
- ・会話のある家庭
- ・居場所を感じられる家庭
- ・自分の存在が受容されている家庭など

まさに納得の内容ですね。

この問いは、Steinberg & Morris（2001）の研究内容の一部を参考にしています。この研究で示された結果は意外な内容が含まれていました。

> 温かく受容的であるがルールについて明確で、揺るぎない態度で接する家庭

温かく受容的

これは先生方から出された内容に示されています。受容するときに、温かい雰囲気が伝わるとどの子どもも、そして大人である私たちもほっと肩の力を抜いて安心してその場にいられそうです。そのような場所は居心地がよく、落ち着いて過ごせるでしょう。

ルールについての態度

上記の温かく受容的なだけでなく、ルールも必要であるということです。最初に読んだときは意外でした。私も温かく受容的であることしか思い浮かばなかったからです。その後よく考えると、そのルールについての中身が重要だと思いました。

・ルールについて明確で揺るぎない態度で接すること

このことは少し考える必要がありそうです。ルールは一般的には「厳しさ」を象徴していて、「受容」とは反対の印象があるからです。そこで

筆者が角南論文（2013）を参考に考えたのは次のような内容でした。

　ルールに反するような状況がみられたとき、子どもの存在や意欲、気持ちなどは受容しながら、言動を含む行為としては揺るぎない態度で接する。

　これなら、温かい家庭でもルールを大事にできそうです。たとえば、ルールは「明確」である場合、家庭の中で大切にすることを反映していますので、その一員として守るべき枠組みがあるということになります。家庭は小さな社会と考えると当然のことかもしれません。そのルールは家庭によって違いますが、ここでポイントとなるのは「明確」であるということでしょう。そうなると、親の気分によって変わる、日によって違うというのは「明確で揺るぎない態度で接する」ことが難しい状態ということになります。ルールは家庭で大切にしている信念を含んでいて、それは家族全員が守るものとすれば、比較的大きな枠組みとなり、子どももある程度納得しているような内容になると思います。

2-2-1　子どもの問題が生じやすい家庭（個人ワーク）

　次に個人ワークとして、以下の問いを考えていただければと思います。

　子どもが情緒的・行動的問題を示しやすい家庭には、どのような特徴があるでしょうか

　思いついたことを自由にお書きください。

2-2-2　子どもの問題が生じやすい家庭（全体ワーク）

それでは全体ワークショップに戻り、先生方の意見をみてみましょう。

子どもの情緒的・行動的問題が生じやすい家庭

- ・厳しすぎる家庭
- ・子どもを頻繁に否定するような言動がみられる家庭
- ・親が自分中心の家庭
- ・子どもと会話がない家庭など

これも納得です。

研究結果でも以下のように示されていました（Baumrind, 1980）。

- ・親が厳格なルールを持ち、厳しく冷たい態度で接する家庭
- ・あまりにも自由放任な家庭

厳格なルール

　厳格なルールを持っているのは "親" です。以前、筆者がスクールカウンセラーをしていたときの保護者の方のことが思い出されます。

　「子どもが毎日家のルールを守らないんです」

　それが原因で毎日注意することばかりで非常にストレスが溜まっているということでした。詳しくお聞きするとその家のルールとは、帰ったら玄関の靴を揃える、すぐに宿題をする、ご飯を残さず食べる、食べたらすぐ食器を台所に持っていく、靴下を脱いだらその場で洗濯機に入れる、ゴミが出たらすぐにゴミ箱に捨てる、決められたゲームの時間を守る、使ったものは使い終わったらすぐにしまう、お風呂に入るとき脱いだ服は……。その後にも複数の「ルール」が続きました。多くの「ルール」を親が作って子どもに守らせるのは、お互いにストレスが溜まる一方だと思われます。その他に困っていることとして、子どもさんが幼稚

園のころから祖父母の家に一人で頻繁に泊まりに行き、なかなか帰って来ないことが話されました。

厳しく冷たい態度

これは前述の「受容的」の反対です。ルールに厳格であるうえ、厳しい態度であるだけで居場所がない気がしますが、さらに「冷たい」も加わっています。窮屈で萎縮してしまいそうな環境と言え、親子関係が心配される状況です。

それでは、非常に自由な環境だとどうでしょうか。

あまりにも自由放任

過度に自由であるということは、放任に近い状態ともいえます。愛の反対は無関心と言われることがあるように、放任は過度になりすぎると、心理的にも非常に厳しい環境になってしまいます。大人の職場でも、いじめよりも無視の方が大幅に離職率を上げることが示されています（The University of British Columbia、2014）。

非行という問題行動の観点からみた場合には、「受容的」だけでは子どもの社会的な適応を促すのに不十分といえ、過度に「厳格」「放任」であることは、非行を促進し得ることがわかります。「温かく」「受容的」な雰囲気の中、家庭（学級）が大切にする大きな枠組みとしてのルールがあり、それを大人（教師）が「明確に揺るぎな」く、一貫した態度を持って接することが、行動の逸脱化を抑制する環境といえそうです。

3-1-1　子ども役を演じてみる（通常バージョン：個人ワーク）

多角的に物事を見るために、今度は子ども役になりきっていただきたいと思います。これから、Baumrind（1980）、Steinberg & Morris（2001）を参考に3パターンのロールプレイングを行います。

第1章でお書きいただいた内容を思い浮かべてください。

最近困っていること
　　そのときの様子を具体的にお書きください

通常バージョン

普段はこのような様子の子どもにどのような対応をするでしょうか

思いついたことを自由にお書きください。

次に、子どもになりきっていただきます。

子どもからみると、その場面はどのような状況でしょうか
・なぜ、そのような言動をしているのでしょうか
・どのような欲求があるでしょうか
・大人（先生／保護者）に何を求めているのでしょうか
・どのような気持ちでしょうか

少しお考えいただいた後、以下の問いに取り組んでみてください。

> ご自身がその子ども役になりきって、子どもの立場からどういう考えや思いでそのような言動をしているのかについて、子どもを主語にしてお書きください

思いついたことを自由にお書きください。

```
ぼく／わたしは、

そのとき、　　　　　　　　　　気持ちです。
```

3-1-2　子ども役を演じてみる　（指導バージョン：全体ワーク）

　全体ワークでは、ペアでそれぞれが対応に困難を抱えている子どもの状況を想像し、その子になりきってもらいました。相手の教師役の先生は通常の指導を子どもに行うという設定です。つまり、自分にとって対応が難しい子どもの役割を、自分が演じるということになります。まさに、役割交代です。

　以下は、全体ワークで筆者が横で見ていたロールプレイングの1つです。
Bくん（子ども）：椅子を斜め後ろに倒し、足をぶらぶらさせている
C先生：教室を回りながら、「Bくん、椅子を前に戻してしっかり授業を聞こう」
Bくん：C先生の声かけを無視してより大きく身体を動かす
C先生：「さっきも言ったよね、もう止めてちゃんと座ろう」
Bくん：何も言わず続ける
C先生：「これまで何回も注意してるけど、どうして止められないの!?」
Bくん：「え？だってこっちの方がいいから！」
C先生：「授業を受けたくないんだったら、教室から出て行ってもらうよ！」

Bくん：不満そうな顔をして一旦止めてきちんと座るが、少しするとまた始める

　この後、Bくん役の先生に感想を聞いてみました。
　「なんか、言われれば言われるほど反抗したくなって、もっとやってやる！絶対止めるもんか！っていう気持ちになって、最後はぶらぶらしたいのではなく腹が立って意地になってやってるっていう感じでした」

　教師にとっては子どものため（授業に集中するため）の指導の1つであるにもかかわらず、子どもの方では腹立ちと反抗心から意地になってさらに続けてしまい、教師はより威圧的に再び注意するという悪循環がみられます。難しいですね……。
　それでは、試しに違う方法を試してみましょう。

3-2-1　子ども役を演じてみる（放任バージョン：個人ワーク）
　それでは個人ワークとして、同じ設定で以下を考えてみてください。先ほどは通常バージョンでしたが、今回は放任、すなわち関わりを持たない態度です。見て見ぬふりというイメージが近い気がします。大人（教師）役と子ども役の2つを演じていただければと思います。

放任バージョン

　大人役：どのような態度をするでしょうか。そのときどんな気持ちになるでしょうか。いつもと違う感覚で、いくつかお書きください

　思いついたことを自由にお書きください。

思いついたことを自由にお書きください。

3-2-2　子ども役を演じてみる（放任バージョン：全体ワーク）

　場面は先ほどと同じ設定です。違うのは、通常バージョンではなく放任、すなわち関わりを持たない態度をすることです。

　それでは、先生方のロールプレイングを見てみましょう。

Bくん：椅子を斜め後ろに倒し、足をぶらぶらさせている
C先生：「……」無言で通り過ぎる
Bくん：椅子を後ろに倒し、より大きく足をぶらぶらさせる
C先生：「……」前を通っても視線を向けず他の子どもの質問に答える
Bくん：C先生を目で追っている
C先生：Bくんの方を振り向かない
Bくん：そのまま足をぶらぶらさせている

　Bくん役をしていたBくんの担任の先生は、「最初は、あれ？　という感じだったけど、なにも言われず、反応されないとなんかすごい寂しくて嫌な気持ちになった」と感想を話してくださいました。放任は注意を受けなくて自由な気もしますが、子どもの視点に立ってみると少し違う景色のようです。

3-3-1　子ども役を演じてみる（受容バージョン：個人ワーク）

　場面はこれまでと同じ設定です。違うのは、通常の声かけや放任ではなく、「受容」的に声かけをしてみることです。

　「受容」とは、「否定せずとりあえず受け入れる」（角南、2013）ことと定義したいと思います。そのため、"大人として"の自分の考えや指示、判断、批判などを示さず、"子どもは"どう考え、感じているのかということを聴き、「とりあえず受け入れる」というイメージです。実際はかなり難しいことですが、まずはイメージしながら個人ワークに取り組んでいただければと思います。

　現在困っている子どもさんと困った場面を、具体的なやり取りを含めて思い浮かべてください。大人役と子ども役の2つを演じていただきます。

受容バージョン

　大人役：どのような声かけをするでしょうか。そのときどんな気持ちになるでしょうか。いつもと違う感覚で、いくつかお書きください

　思いついたことを自由にお書きください。

　子ども役：このような対応を受けて、どのような気持ちになるでしょうか

思いついたことを自由にお書きください。

＿＿＿＿＿＿＿＿＿＿＿＿＿＿＿＿＿＿＿＿＿＿＿＿＿＿＿＿＿＿

受容バージョンで書かれたような言葉を聞いた子どもはどのような気持ちになるでしょうか。再び全体ワークに戻り、先ほどの先生方のロールプレイングの様子をみましょう。

3-3-2　子ども役を演じてみる（受容バージョン：全体ワーク）

椅子を後ろに倒し、足をぶらぶらさせているBくん（子ども）のロールプレイングの受容バージョンです。

Bくん：椅子を斜め後ろに倒し、足をぶらぶらさせている
C先生：「何してるの？」
Bくん：「うん？足をぶらぶらしてるんだよ」
C先生：「ぶらぶらしたいんだね」
Bくん：「うん」
C先生：「そうするとどんな感じ？」
Bくん：「んー、なんか落ち着く」
C先生：「落ち着く感じがするんだ」
Bくん：「そう……」ぶらぶらする足の揺れが小さくなる
C先生：「そっかぁ」
Bくん：少しずつ、椅子を元に戻す

再び、Bくん役の先生に感想を聞いてみました。
「なんかこう、気持ちを受け入れてもらうと、反抗したいっていう気持ちがすーっと消えていくような感じがしましたね、不思議ですけど……」
このBくんは実際の受け持ちの子どもになり切った役だったため、Bく

んの言動についても話してくれました。

「いままでBくんがこうしていると（椅子を斜めにして足をぶらぶらする真似をしながら）、"なんでこの子はこんな姿勢で授業受けてるんだろう" "自分に対する反抗としか思えない" ってすごく腹立たしかったんですね。でも実際今自分がやってみると、そうでもなかったんだな、自分に対する嫌がらせとかではなくて、自然と椅子を斜めにしてただぶらぶらしてるだけっていう気がしました。意外と楽な姿勢なんですよ」

子どもが "自分に反抗している" "嫌がらせをしている" と感じて、冷静でいる方が難しいと思います。それが日々積み重なると、苛立ちが募ってくるでしょう。それを厳しく指導しても、子どもの心に生じるのは "反抗" だとしたら、大人（教師）の指導や声かけが報われないばかりか関係が悪化してしまう場合もあるでしょう。

一方、受容的な声かけをすると、Bくんの担任の先生は "反抗" したい気持ちが消えるような印象を持ちました。そして、自身でも "不思議" と表現されています。

他者に受け入れてもらうことで生じる心のメカニズムについて、角南（2020）では、以下のようにまとめています（図2）。

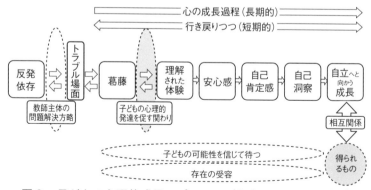

図2　子どもの心理的成長のプロセス（角南：2020より引用）

子どもの悩みや葛藤があった場合、そこで「理解された」と感じる体験をすることで、安心感や自己肯定感につながり、その後自己洞察が促され、自分で考えて決めることができるような成長がみられるというものです。これが、厳しい指導が度重なる場合は、反発へ向かうと考えられます。

　終わりに、Bくんの担任の先生の感想を共有します。
　「(指導、放任、受容の) 3パターンを子どもの立場でやってみて、やはり受容は気持ちが落ち着くということがあったんですけど、意外にも一番嫌だなと思ったのが厳しい指導ではなくて放任でした。無視されているような気がして寂しかったし、なんとも言えない気持ちでした」

　子どもとの関わりを考えるとき、
　・他者が近くにいるのに関心を示されない

　このことが示す辛さを私たち大人はもっと重大なこととして捉える必要があるのかもしれません。

　続けて、
　「今まで、Bくんの気持ちを全然わかってなかったなって反省しました。演じてみて自分が思っていたような感じでは全くなかった。こっちの接し方の問題が大きかったと思いました。明日から声かけを変えてみます」と話してくださいました。
　「明日から」……素敵ですね。きっと、Bくんと担任の先生との関係はその後少しずつ変化しているような気がします。

4-1-1　子どもの頃の経験を思い出す（個人ワーク）

　次の個人ワークです。今度はご自身の過去の関わり経験について考えていただきたいと思います。

あなたが小学校時代、先生（または親）との関わりにおいて、自分が肯定的に変化したと思われる場面や関わりについて具体的にお書きください

　肯定的変化とは、ここでは角南（2013）を参考に、表面的、一時的な変化ではなく、その後も関わりや行動が全体としてたとえ小さくても変化し続けている状態と定義します。

　思いついたことを自由にお書きください。

　どのような経験が思い出されたでしょうか。もしかしたら、なかなか思い出せなかった方もおられるかもしれません。
　それでは、学校の先生方は小学生時代にどのような関わり経験をしていたのでしょうか。

4-1-2　子どもの頃の経験を思い出す（全体ワーク）

　全体ワークに戻りましょう。
　同じ問いを先生方にもしてみました。お書きいただいた内容の一部です。
・小学校高学年のとき、勉強もほとんどできなかった自分が県の俳句コンクールで賞をもらった。そのとき担任の先生が本当に喜んでくれて、家まで来て親に説明してくれた。勉強ができなくても自分のことを認めてくれてたんだと感じ、また親にも伝えてくれて今までいいところが見せられなかった分本当にうれしかった。そのあと頑張ろうと思い、運動会などでも率先してやるようになった。

同じ問いをした研究協力学生の結果はどうだったでしょうか。たとえば、以下のような内容がありました。

・私が小学校1年生のときに妹が生まれ、お母さんが入院していたので寂しくて保健室に行くことが多かったのですが、担任の先生が毎日のように保健室に来てくれて優しく話しかけてくれたので、安心することができました。それから、学校が安心できる場所になりました。

　驚くことに、調査に協力してくれた123名の学生ほぼ全員が小学校時代のことを記憶して、今でも自分に影響を及ぼしている教師の言動を覚えていたのです。中には、その当時の状況をとても細かく書いている学生もいました。

　研究ですので、それらの内容を分析しました。分析は、文化人類学者である川喜田次郎（1967）が考案したKJ法という分類方法を使用しました。具体的には、書かれた内容を3場面（肯定的変化を引き起こした場面、直後の反応、その後の変化）に分けました。次に、各場面の中で似ている内容を集めて名前を付けるという方法です。

　結果です。それぞれの内容を分類し、その後事例の流れとしてまとめました（角南、2014）（表2）。子どもに対する【教師の関わり場面】➡【子どもの直後の反応】➡【子どものその後の変化】という流れです。

表2　関わり場面とその後の変化（角南：2014より引用）

カテゴリー	直後の反応	その後の変化
指導	→反発・困惑	→社会的ルールの遵守／あるべき姿の規範確立
周囲への言葉かけ	→納得	→省察／自発的行動変容
受容	→喜び・安心感	→自己肯定感／肯定的行動の増加／精神的強さ／意欲／生き方の変容／自信
熱心な態度	→喜び	→教師との信頼関係／生き方の学び／自信
	→反発	→反省／あるべき姿の規範確立／生き方の学び
親近感	→喜び	→親近感／興味
援助	→喜び・反省	→行動変化／プラス思考

最初の【教師の関わり場面】は、指導、周囲への言葉かけ、受容、熱心な態度、親近感、援助などに分けられました。言い換えると子どもの視点からみた場合、このように分類される教師（大人）の関わりが後で子どもが自分に肯定的影響を及ぼしたと感じる内容だということです。先ほどは反発を招いていた指導が入っていることに、分析中に驚いたことが思い出されます。

　次に各関わり場面における【子どもの直後の反応】です。反発、困惑、納得、喜び、安心感、反省などがみられました。【子どものその後の変化】は、当時から調査協力の大学生までに及ぼした影響を内容別に分類したものです。

　これらを具体的にみていくと、
　受容は、上述のワークで取り組んできた内容によって理解できます。ここでは、子どもの視点から受容が子どもにどのような影響を及ぼすのかを簡単にみていきたいと思います。
　教師（大人）からの「受容」は、直後には子どもにとって「喜び・安心」につながる関わりであることがわかります。時間が経つと、「自己肯定感」「肯定的行動の増加」「精神的強さ」「意欲」「生き方の変容」「自信」等につながることが示されました。受容はときに「甘やかし」「なんでも許す」というふうに解釈されることもありますが、不適切な行動も含めて容認することではなく、子どもの気持ちや状態を理解しともに検討していくような姿勢とも捉えることができるでしょう。

　そして、これまでのワークから「受容」とともに挙げられていた「ルール」に関連した「指導」の内容が、この研究でも示されています。ここでは、子どもの視点から「指導」について見ていきます。

　たとえば、指導を受けた直後は"どうしてこんなふうに言われないと

いけなんだ！”などの「反発・困惑」がみられますが、その後時間が経過すると「社会的ルールの遵守」や「あるべき姿の規範確立」などが後々自分にとって必要であったことに気づくようです。

それでは、子どもの心を育みながら、関係性を形成していくような関わりとして、「受容」と指導の対象となる「ルール」が必要であると考えると、この「ルール」を検討し共有する必要があるでしょう。

5-1-1　ルールを考える（個人ワーク）

それでは家庭のルールについてお考えいただきたいと思います。

家庭全体で必要なルールにはどのような内容があるでしょうか

思いついたことを自由にお書きください。

これは一人が決めて家族に守らせるものというより、一人ひとりが考え家族間で話し合うことも必要になるでしょう。そこで出された内容に家族が耳を傾けるような雰囲気があるとよりよいですね。

5-1-2　ルールを考える（全体ワーク）

上の問いは家庭に関する内容でしたが、全体ワークでも「学校全体のルール」について意見を出し合ってもらいました。

先生方から共有された内容をまとめると以下の通りです。
・人を傷つける
・危険をともなう

・いじめ

・暴言

・相手のことを考えないなど

　人を傷つけることを大半の先生方が挙げました。この中には、身体だけでなく当然心も含まれています。学校全体で他者を大切にしたいという思いが伝わってきました。

　その後、これらの発言内容は、一枚の紙に書かれて休憩室の壁に貼られたこと、学校全体で引き続き共有されていることを校長先生からお聞きしました。

6．第1回ワークショップの感想

　ワークショップに参加した先生方にアンケートとして感想の記入を依頼しました。感想には、

・揺るぎない態度の大切さを感じた
・ロールプレイでは冷静に振り返ることができた
・テンポがよかった
・楽しかった
・教員間で思っていることを共有できた
・不安に思っていたのは自分だけではなかったのでとても安心した

　などが書かれていました。他者と思いを共有することの大切さが伝わります。加えて、いつもと違う視点からワークを通して議論しながら熱心に検討してくださったからこその感想だと思いました。

7．まとめ

　第1回ワークショップでは、事前アンケートの結果を受けて、

①まず他者とともに〈困難な状況を言葉にする〉ため、付箋と模造紙を使用してグループで視覚化することから始めました。全体ワークでは作成されたグループの内容を全体で発表することで、自分だけでなく、皆が悩みながら日々子どもと関わっていることが共有されました。このことは、家族、同僚、他職種においても同様だと思います。同じ土台に立ち、同じような思いを持っていることを知ることから、これからの方向性を検討することができるのではないかと感じます。

②次に、〈問題が生じやすい家庭〉と<生じにくい家庭>について考えることで、その内容を広げることができました。具体的には、関係性を形成するうえで「受容」はとても重要ですが、不適切な行動については容認するのではなく家庭や学校を含む社会の枠組み（ルール）も大切にした行動が必要とされます。この2つの両立は、受容的な雰囲気の中でも譲れない明確な枠組み（ルール）という考えによって成り立つでしょう。また、行動と気持ちを分けて考えることも有用です。枠組み（ルール）に逸脱した行動は指導の対象となりますが、同じ状況においてそうせざるを得なかった思いを聴くことも可能です（角南、2013）。

③〈子ども役を演じてみる〉におけるロールプレイングでは、対応が困難な子ども役を指導、放任、受容の3パターンで演じてもらいました。具体的には、②〈問題が生じやすい家庭〉で検討した内容をロールプレイングで実践した形です。実際に対応が困難な子ども役を演じることで、これまで捉えていた"何度言っても伝わらない困った子ども"から、どんなに小さくても"子どもなりの理由"がありそれは大人側からこれまで見えなかった景色のようでした。3パターンの中で、指導では反発心が、関心を持たない放任では複雑な思いが生じていて、受容されることにより気持ちが落ち着き、安心感が生じることも語られました。

④〈子どもの頃の経験を思い出す〉では、子どもが肯定的に変わった

場面について、まず自身の経験を思い出してもらいました。次に、学生を対象とした研究から体系的に子どもに肯定的影響を及ぼした教師の関わり場面、子どもの直後の気持ち、子どものその後の影響について紹介しました。「受容」はやはり子どもに肯定的影響を及ぼす一方で、ルールに関する「指導」も示されました。指導場面では、直後は子どもに否定的な感情が生じても、時間が経って後に洞察することで自分にとって意味のある経験であったと感じる傾向が見出されました。子どもの立場から物事を見てみると、教師（大人）側にいると気づかない発見があるように思います。課題として、集団場面だからこそ必要なルールをどのように設定するかということが挙げられます。

　⑤〈ルールを考える〉では必要なルールを検討するために、困難な状況における"譲れない枠組み"を先生方に一人ずつ挙げてもらいました。これは教師（大人）が一方的に指示するような1つ1つの行動ではなく、もっと大きな枠組みであり集団で共有される必要がある内容になります。A小学校では、「人を傷つける」ことを共通の枠組み（ルール）とし、先生方の目に触れるところに貼られていて共有が図られていました。

　第1回ワークショップは、ロールプレイングで教師（大人）役、子ども役を演じたり、子どもの頃の体験として肯定的に変わった場面を思い出し研究知見なども交え多角的に検討していただきました。全体ワークでは、普段は教師（親）として指導する立場から子ども役を演じることで自身の指導の意味を「振り返ることができた」先生もいました。Bくんの担任の先生の感想からは、これまでと違う視点でものごとを見ることで、今まで捉えていた子ども像も少し違って見えたようでした。

　慌ただしい日常では、子どもの問題行動の対応、授業実践、その他多くの業務で多忙のため、このようなワークを通して子どもとの関わりを改めて見直すきっかけの1つになればと思いました。

第3章　第2回ワークショップ：自分の実践理解

第2回ワークショップの内容

　①最近うまくいった関わりに気づく
　②うまくいった関わりの要因を分析する
　③実験に挑戦してみる

　教育困難校で日々多発する問題の対応で疲弊しきっている先生方に、さらに努力と時間を要する新たな取り組みを行ってもらうことは物理的にも精神的にも全く余裕がなく難しい状態にみえました。自身にできる最大限の努力をしているのに少しも変化がみられないからこそ疲弊感は高まります。なぜなら、ほとんどの先生は "子どもたちのために" 努力しているからです。

"子どもが変わらないと意味がない"

　確かにそうかもしれません。けれども、それでは子どもが変わらないようにみえるからといって先生方が努力していないかというとそうではありません。

　そこで、"今、できていること" に注目することにしました。これは、教育学では実践の中で暗黙的に行われている本人も意識していない、けれども確かに存在する「実践知（Schön、2001）」として知られています。
　その「実践知」に気づくことが1つ目のワークになります。これは、教師だけでなく、親を含めたどの立場の方にも当てはまります。そんな大したことはしてない、そう思う方も多いと思いますが、大したことでなくて全く構わないのです。称賛に価する達成された行動は、一生のうちに何度あるのでしょうか。日々の小さな変化に気づけること、それを子どもに対してだけでなく、自分に対しても行えるかどうかが困難な状

況における 1 つのキーワードになる気がします。注目するのは、"改善された／達成された結果" ではなく、日々時間とともに静かに流れる "プロセス" の中にある自分にしか気づくことができない小さな変化です。

1-1-1　最近うまくいった関わり（個人ワーク）

それでは、個人ワークを始めましょう。

> 最近うまくいったかなと思う関わりについて、どんな小さなことでもいいのでやり取りも含めて具体的に思い出してください
> その中で、小さな変化に気づいたらそれもお書きください

思いついたことを自由にお書きください。

1-1-2　最近うまくいった関わり（全体ワーク）

先生方にも実施してもらいました。「最近」ですので、前回第 1 回ワークショップ以降の約 2 か月間の関わりとしました。全体ワークでは言葉にして視覚化しグループで共有するために、前回同様付箋に書いた内容を模造紙に貼ってもらいました。

各グループを回っている時に、頭を悩ませている先生方も見受けられました。「あったかな……」というつぶやきも聞かれました。それはそうです、うまくいかない困難な状況だからこそ参加しているワークショップなのですから。そこで筆者は、他の先生の内容（たとえば、以前は声をかけても無視されていたが、先週は振り向いて目が合ったなど）を簡単に紹介したり、どんな小さなことでも良いことを伝えると少しずつ事例の書き込みがされるようになりました。これこそ、"小さな変化に気づ

く"ことです。

作成された模造紙の内容を表にまとめました（表3）。

表3　最近うまくいった関わり：事例1

事　例
トラブルがあって一人で泣いていた児童に対して、「どうしたの?」「今は言いたくない」「わかった言いたくないんだね、言いたくなったら教えてね」。教室に戻ってくるがもめていた児童とはまだ気持ちの行き違いあり。もう1回聞くと聞き入れる。「自分でいけないと思ったら謝ろうね」。休憩になって「謝ってくる！」「○○くんに謝ってきた！（笑顔）」「よかったね!!」。連絡帳で保護者にも伝える

　たとえば、事例1（表3）では、トラブルがあって一人で泣いていた子どもに対し心配して様子を尋ねますが、子どもは"今は言いたくない"と言います。そこで教師は"わかった言いたくないんだね、言いたくなったら教えてね"と伝えてその場を終わらせました。しかし、教室に帰ってからまだもめていた子どもと気持ちの行き違いがあることを見て取り、再度子どもに同様の声かけをします。すると今度は子どもが話をしたため、"自分でいけないと思ったら謝ろうね"と伝えるに留めますが、その後子どもは謝れたことを笑顔で教師に伝え、教師はその内容を保護者にも伝えました。

　子どもの様子を表情や状況からよく見ていて、子どもの意思に沿う形で丁寧に対応されている様子が伝わります。子どもも先生が自分のことをよく見て気にかけてくれていると感じていることでしょう。

2-1-1　うまくいった関わりの要因を分析する（個人ワーク）

　少しでもうまくいったと思われる関わりについて、今度はその要因について検討してみたいと思います。

　少しでもうまくいった（と思われる）関わりについて、何が子どもにとってよい影響を与えたと思いますか？

思いついたことを自由にお書きください。

2-2-2　うまくいった関わりの要因を分析する（全体ワーク）

　全体ワークでは、先生方にはうまくいった関わりについて、グループで
その関わりの何がよかったのかを分析した内容を付箋に書いてもらい、
その後先生ごとにまとめてタイトルをつけてもらいました（図3）。

　自分が関わりの変化に気づくだけでなくそれを共有することで、同僚
性という横のつながりも強まると考えました。また、他の3名の先生方
からコメントを得ることで、自分がこれまで気づかなかった関わりの良
さを別の観点から見直すことができるはずです。

　たとえば、上述の事例1（表3）のテーマは「子どもの意思を尊重す
る」と命名され、他の先生方からは以下のようなコメントが貼られてい
ました（図3右側）。子どもの気持ちが整理されることに伴う "待つこと"
や子どもの "意思を尊重" することが子ども自身への解決につながるこ
と、保護者対応の素晴らしさについて承認の言葉が記されていました。

図3　うまくいった関わりの要因分析

表4　最近うまくいった関わり：事例2

事　例
時間を守らない、暴力暴言がある 意識したこと：ダメなことは触れず毎回淡々と伝える。「まだ授業中です、休憩になってから来てください」。変化が見られた時は必ず毎回言葉にして伝える。「呼びに来てくれてありがとう」「すぐやめたね。すごい」「自分から戸を閉めてくれたね」
子どもと自分の変化 子ども：穏やかになった、にこやかになった、困ったことを伝えてくるようになった、気持ちを口で言うようになった、暴力暴言がなくなった 教師：優しい目でその子を見るようになった、注意したら聞くようになった

他教師の感想		
注意するのも褒めるのも関係性ができると児童に伝わりやすい。その関係性づくりをされたのが素晴らしい	子どもの心を受け止めることで教師の思いが伝わるんだなという例でした。子どもとの関係性を作るとの大切さがわかりました	子ども達との関係作りが大事であると改めて思いました。先生は4年生の子どもにもすぐに伝えてくださるので有り難いです。ぶれずに言い続けることは自分との勝負な気もしますが、私も続けていきたいです

発表した教師の感想
関係作りが重要。こちらの気持ちが相手に伝わる。良いところを見る目、伝える口。子どもに伝える内容が明確でぶれないことが大切

　事例2（表4）は、タイトルは書かれていませんでしたが、支援学級に頻繁に遊びに来て休憩時間が終わってもすぐに自分の教室に戻らず、暴言暴力もみられる子どもの内容です。教師が意識した関わりは、状況とそこで必要な行動を「淡々と」「できたことを必ず毎回言葉にして」伝えることでした。その結果、子どもと教師の関係性に変化がみられたようです。これは、第1回ワークショップの〈問題の生じにくい家庭〉で検討した、「受容」と「ルール」をうまく取り入れた実践だと思います。子どものよいところをその場で認め声かけをしながら（「温かく受容的である」）、一方でよくない行動を指摘するのではなく、時間を守ることやすべきことなどのルールについては「明確で揺るぎない態度」で示して

います。このような関わりは、子どもを否定するのではなくルールを毅然と伝えているだけですので、わかりやすく、受容的な関わりとともに行われているため、落ち着いて安心して過ごせるようになっているようです。さらに大きなことには、このような関わりが子どもとの関係性を促進していることです。

　この事例に対し、他教師からは「関係性」の大切さ、「ぶれない」基準を持つことなどに対して、発表教師に対する承認の言葉が書かれていました。このように、自分が普段行っている関わりについて小さな変化を意識し言葉にすることでみえてくることがあると思います。それをさらに周囲に承認してもらうことは、どのような状況であっても力になる気がします。

3-1-1　実験に挑戦してみる（個人ワーク）

　自身の最近の状況を振り返った時、意識して探すとほんの少しでも"よかったかな"と思えるような関わりがみつかったのではないでしょうか。それなら、ちょっと実験してみることでもう少し"よかったかな"と思える関わりが増えると素敵です。

　実験は成功したら奇跡ですし、失敗してもOK。次の成功の種になります。実験は仕事ではないので実験できなくてもOKです。気が向いたときに"少しやってみる"といった感じがよいと思います。

　子どもとの関わりにおいて、今思いつく小さな実験をお考えください

　思いついたことを自由にお書きください。

3-1-2　実験に挑戦してみる（全体ワーク）

全体ワークでも先生方に実践の思いつきを出していただきました。

【約１ヶ月の実験内容】

- 職員に勇気づけの言葉をかける
- 教員のしていることにプラスのフィードバックや感想を返す
- 注意する時は声のトーンを抑え感情的にならないように指導する。 挨拶声かけはこちらからする
- 子どもたち一人一人ともっと話す。仲良くなる
- 全員に私の手助けをしてもらう。今まではできそうな人だけに声かけをしていた
- ノートの振り返りに反応するコメントを残す
- 子どもとのコミュニケーションの工夫
- 少しでも良い変化があれば褒める
- 優しく接する
- 日常生活について尋ねる
- 子どもをもっと褒める
- 必ず一日一回は全員と関わりを持つ
- 受容する言葉を増やす
- 思いを受け止めてそれを言葉と態度で示すこと
- 子どもを信じること
- 褒めることから朝をスタートすることを継続
- 一人一人と一日一回はコミュニケーションをとる

　一人ひとりと関わりを持ったり、ほめたり、受容する言葉を増やしたり……。教育困難校で日々大変な状況にある先生方が主体的にこのような実験を考えられたことに頭が下がるとともに、このような状況でも子どもたちのことをいかに思っているかが伝わってきて胸がいっぱいになりました。

　当初の課題であった問題行動の対応とは全く違う観点ですが、日常の関わりというすぐに実現可能な内容についての案出で、私から提案した内容は１つもなく先生方の持っている力がここでも発揮されました。

4．第2回ワークショップの感想

第2回ワークショップの感想は以下の通りでした。
・実践を言語化して共有することで、発言者も周りのものも元気が出ました
・気づきをたくさん得られたと思いました
・職員同士の思いや気持ちを共有し理解し合えたことが何より良かったと思いました
・日々関わっている子どものことを立ち止まって考える機会となった
・改めて子どものことを信じることの大切さを他の先生方の話を聞いて感じることができた。小さな積み重ねだがそれが大きな力になっていくのではと思った

どこかで立ち止まってプロセスを含めて俯瞰しなければ、日々の小さな変化に気付けず、できていないことばかりに目が向いてしまいがちです。先生方同士で学び合うことで、学校全体の雰囲気が明るくなり、日々の教育実践の質も少しずつ高まっているような気がしました。

5．まとめ

第2回ワークショップでは、困難な状況であっても少しでも①〈最近うまくいった関わり〉に目を向け、その後、②〈うまくいった関わりの要因を分析する〉ワークに進みました。最後に③明日から取り入れられる〈実験に挑戦してみる〉ことにしました。

①前回ワークショップ以降の〈最近うまくいった関わり〉という小さな変化をみつけることは、先生方にとって日々の大変な状況の中で立ち止まって考える機会となったようです。この内容では実際の関わりを扱ったことで、困難状況における具体的な対応の参考にもなったようで、先生方の感想にも「気づきをたくさん得られたと思いました」と書かれ

ていました。その内容のほとんどが対応が難しい子どもに対する事例であったため、多様で実践的な関わりについての相互的な学びになったと考えられました。

　②〈うまくいった関わりの要因を分析する〉ことで得られた他の先生方からのコメントもエネルギーになったようで、感想にも「元気が出ました」という内容が複数書かれていました。

　また、学校全体での共有について「職員同士の思いや気持ちを共有し理解し合えたことが何より良かったと思いました」との感想から、同僚性という横のつながりにとっても意味があったと思われました。

　「改めて子どものことを信じることの大切さを他の先生方の話を聞いて感じることができた。小さな積み重ねだがそれが大きな力になっていくのではと思った」というコメントからは、問題をいかに解決するかという視点から、日常の子どもとの関わりに視点が移っていることが示されています。

　このような思いをもって③〈実験に挑戦してみる〉内容を検討したことで、「子どもをもっと褒める」「必ず一日一回は全員と関わりを持つ」など、明日からすぐにできそうな具体的な関わりが挙げられたと思いました。実験内容を言語化することで、日々の実践をさらに意識的に行うきっかけにもなるでしょう。これらは、今の実践の中にある小さな変化に気づけたからこそ、次の実験を検討する動機づけや意欲につながったのではないかと考えます。なぜなら、できていない苦しい状態で新たなことに取り組むのはとても難しいことだからです。同時に、具体的な方法や方向性が明確でない場合も、困難な状況の中ではこれからどうしてよいかわからなくなります。第2回ワークショップでは、他の先生方の最近の実践が参考となって相互的に検討しながら実践できそうな具体的な関わりを共有したことで、主体的な実験計画が出されたと感じました。教育困難な状況はすぐには改善しなくても、ワークショップ中に意欲をもって検討し、互いに認め合う先生方の姿を傍でみていて、熱い思いがこみ上げてきました。

　次は最終回となる第3回ワークショップです。

第4章　第3回ワークショップ：相互作用としての関わり

第3回ワークショップの内容

①振り返りの意味を考える
②ほめる効果を検討する
③実験の途中経過を共有する
④1年間の振り返り

　第3回ワークショップは、第2回から2か月後の年度末に最終回として、各自でこれまでの子どもとの関わりを振り返りたいと思います。振り返りは、できなかったことを取り上げて反省することというイメージもありますが、そうでない方法もあります。今回は、これまでと違う観点から前回の実験の途中経過を振り返り言葉にし、共有していただきます。次に、心理的安定と関連のあるエンゲージメントについて説明します。エンゲージメントは意欲を高める状態として見出されていますが、子どもとの関わりにおいて具体的にどのようなことをすればよいのかを考えていきたいと思います。

　最後のワークは、ご自身の1年間を通した振り返りとともに「ほめる」技術が向上するようなトレーニングを行います。どれも個人でできるものですので、引き続きご一緒に進めていきましょう。

　それでは、個人ワークに進みます。

1-1-1　振り返りの意味を考える（個人ワーク）

　振り返ることにはどのような意味があると思われるでしょうか

思いついたことを自由にお書きください。

1-1-2　振り返りの意味を考える（全体ワーク）

先生方から出た意見は、
・反省するだけでなく、次にどうしたらよいかを考える
・なぜうまくいかなかったのか、その原因を考える
・自分だけではわからないこともあるので、周りに聞くことで次につなげる
・次にうまくいくための経験と考える（失敗は成功のもと）

など、次にうまくいくための前向きな手段として捉えておられる印象を持ちました。とても素晴らしいです。同時に、困難な状況では悪循環が生じている可能性がありますので、A小学校の先生方のようにこれからどうしたらよいのかわからないということも多くみられます。プラスアルファとして、その他にどのような意味があるか考えてみました。

「振り返り」を行うにあたり、自分のうまくいったところに目を向けて "自分はダメだった……" と反省することだけではない内容もあるでしょう。私の提案として、"自分の言動をありのまま思い浮かべる" ことも含めたいと考えています。そこにあるのは、良い悪いという評価ではなく、現実を眺めるといった感覚でしょうか。このように意識することで、現時点の状況を俯瞰的にみることができます。これは、地図の現在地を確認する作業と似ています。目的地に向かうためには、現在地がわからないと進む方向がわかりません。

"状況を俯瞰的にみる" ことはメタ認知を使用することにつながりなります。メタ認知とは、思考についての高次の思考といわれています

(Dunlosky & Metcalfe, 2009)。メタ認知を使用すると、物事をいつもより少し高いところから広く捉えることができるようになります。たとえば、旅行先で迷って目の前のいくつかの建物を確認している状態から、地図を広げて全体の中で現在地を見るような感覚です。

　現時点の状況（現在地）として前回の実験の途中経過を眺める前に、ほめる効果について検討したいと思います。

2-1-1　ほめる効果を検討する（個人ワーク）

　個人ワークでは、次のことを考えていただきたいと思います。

ほめることには、どのような効果があるでしょうか

　思いついたことを自由にお書きください。

2-1-2　ほめる効果を検討する（全体ワーク）

　全体ワークでも、ほめることの効果を先生方に考えてもらいました。
・子どものやる気を引き出す
・前向きな気持ちになる
・反応しなくても嫌な気持ちはしない
・うれしい気持ちになる
・次につながる声かけなど

　すべて子どもに関する内容です。子どもをほめることが大切だということはよく知られています。それでは、ほめる側の教師を含む大人にとっ

てどのような効果があるのでしょうか。それを図式化したのが図4になります。

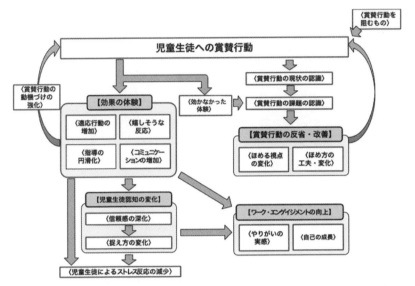

図4　児童生徒への賞賛行動による教師のストレス反応およびワーク・エンゲージメント変容プロセス（飯島・桂川：2018より引用）

　最初に図の上にある「児童生徒への賞賛行動」がスタートになります。その後、賞賛行動であるほめることにより子どもの「適応行動の増加」「嬉しそうな反応」「指導の円滑化」「コミュニケーションの増加」などにより効果が体験されます。次に、子どもの捉え方（「児童生徒認知の変化」）が生じ、関わりにおける「ストレス反応」が減少するという良循環が生じます。

　一方、右側はほめてもうまくいかない場合のプロセスです。子どもに変化がみられずほめることに課題があることがわかります（「賞賛行動の課題の認識」）。それが「反省・改善」を引き起こします。具体的には、「ほめる視点」を変え、ほめ方の「工夫・変化」につながります。すなわち、ほめ方は毎回 "すごいね" といった単調な言葉の連続ではあまり効果がみられず、「ほめる視点」を変え、ほめ方を「工夫」することが求めら

れるということです。ほめ方には技術が必要であり、技術を向上させるにはトレーニングがあるとよいということになります。

　さらに重要なことは、子どものために行っているほめるという行為が、実は〈信頼感が深化〉し〈子どもの捉え方〉が変化し、教師の「ワーク・エンゲージメント」が向上し「やりがいの実感」や「自己の成長」を感じられるという点です。同時に、子どもによる〈ストレス反応の減少〉も示されています。つまり、ほめることにより教師を含む大人側にも多大な肯定的効果がみられるのです。

　それでは、これから振り返りを行いますが、一般的な反省ではなく、まずはそのままの状態を眺める方法を使いたいと思います。次にほめる技術を高めるトレーニングを行います。

3-1-1　実験の途中経過を共有する（個人ワーク）

　実験を少ししてみた方は、そのときの状況を思い出してみてください。あくまで "実験" ですので、気が向いたときに何度か試してみたらよいという気軽な感じです。"実験" は試行錯誤するもので、一度で成功することはありません。"実験" のポイントは "気軽さ" だと思います。同時に新たな振り返りとして、思い浮かんだことをそのまま言葉にしていただければと思います。

　前回に思いついた実験の途中経過を振り返ってみましょう。どのような状況でどのような声かけをし、子どもはどのような反応をしたでしょうか。そのときの子どもの様子も思い出してください

　思いついたことを自由にお書きください。

どんなに小さなことでもかまいません。一度子どもに向かってにこっと微笑んでみた、自分から声をかけてみた、ありがとうと言ってみた、なんでもOKです。次はそのときの子どもの様子です。じっとこちらをみていた、珍しく反応してくれた、うれしそうにしていたなど。

　大切なのは、できたかどうか、子どもは変わったかなどの結果ではなく、そのプロセスをそのまま言葉にして記述することです。

3-1-2　実験の途中経過を共有する（全体ワーク）

　先生方には、実験の経過報告をグループで行ってもらいました。具体的には、実験の途中経過の状況をそれぞれ付箋に書き込んでもらいました。グループで共有するときに、付箋に書いた内容を口頭で発表し、残り3名の先生方が、

　　・その実験の何がよいかを付箋に書く

　　・口頭で発表者に伝える

という形式にしました。

　実験の内容には、「必ず一日一回は全員と関わりを持つ」「子どもたち一人ひとりともっと話す」「受容する言葉を増やす」「思いを受け止めてそれを言葉と態度で示すこと」など子どもと向き合う姿勢について書かれていました。

図5　ワークシートの個別記載の様子　　　図6　グループワークの様子

図7　〈実験の途中経過〉の共有

前回の実験内容を確認した後、途中経過の状況を各自付箋に書き込んでもらいました。「途中経過」とすることで、発表者が実験結果を少しでも共有しやすくなるとよいと思い名付けました。まさに、結果ではなく経過（プロセス）です。

模造紙にまとめられた内容を以下に示します。

D先生

実施内容：必ず一日一回は全員と関わりを持つ

小さな変化：毎日クラス全員の子と話すようになり教師への信頼感が増した、いざという時の指示や指導が入りやすくなった、困ったことや悩みなど伝えてくれるようになった

グループの先生方の感想：

・担任と別の業務との兼務でお忙しい中子どもとの会話を大切にされていてすごい！

・結果として児童と家庭との関係が良くなっている！

・全員と話すのがすごい、指示が入りやすくなったのは羨ましい。

E先生

実施内容：子どもたち一人ひとりともっと話す

小さな変化：放課後教室に残っている児童と話すようにした→女子との距離が少し近くなってきた、子どもが仕掛けてくること（例えばおどかしてくる）に対して大げさに反応する→関わろうとしてくる子が増えてきた、あだ名で呼んでくることに怒らずに反応した→関わる人が増えてきた（→は付箋に書かれた表記をそのまま記載）

グループの先生方の感想：
・対応の仕方を柔らかくされて受け入れられて子どもの反応も変わってきた
・相手の気持ちを受容する態度が素晴らしい

　前回のワークショップから約2か月弱という期間でしたが、視点が子どもの問題行動を変えるための指導から、子どもとの関わりをいかに少しずつ形成していくのかに移り、日々大変な努力を継続され、それに伴い子どもの反応が少しずつ変わってきた様子が伺えます。先生方のこれまでの努力が伝わってきた瞬間でした。

4-1-1　振り返り（個人ワーク）

これまで個人ワークに取り組んでみていかがだったでしょうか。

> 最後にこれまでの子どもとの関わりについて、全体を俯瞰的に眺めてみてください
> どのようなイメージが湧くでしょうか

思いついたことを自由にお書きください。

いいこと、よくなかったこと、つらかったこと、苦しかったこと、悩んだこと、後悔していること、いろいろあると思います。うまくいかなかったことがいくつもあったとしても、なにも努力せず、なにもしなかったことはなかったはずです。

どんな状況でもここまで、子どもと関わってきたご自分に対して、「ほ

める」言葉をできるだけ多くかけてあげてください。これは、ほめる技術を高めるトレーニングです。

これまでの自分に対して、「ほめる」言葉をできるだけ多く書いてみてください

思いついたことを自由にお書きください。

- よくがんばってきたね
- 自分なりになんとかやってきたよね
- すばらしいよ
- 誰よりも頑張りを近くでみてたよ
- 一生懸命やってたね
- 子どものことを思ってて素晴らしいよ
- 精一杯頑張ったね
- 全部うまくいかなくてもいいんだよ
- ここにいてくれてうれしい
- 大事だよ
- ずっと応援してるよ

どんな言葉が思い浮かんだでしょうか。うまくいかないことを望む人はいません。自分なりにやってきたことを自分自身で認めていただけるとうれしいです。

今までご自分なりにとてもよく頑張ってこられましたね、本当にすばらしいです。

これは私からの言葉です。誰も認めてくれなくても、ご自分だけは自分の味方になってあげてほしいと思います。

　それでは、最後の全体ワークに戻りましょう。

4-1-2　振り返り（全体ワーク）

　振り返りワークは学校全体での１年間の思いの共有と承認する場として設定しました。同時に、ほめる技術のトレーニングの場としました。内容は、各先生に１年間の振り返りを発表してもらい、発表者に対して聴いた先生方がほめることを依頼しました。

　グループでの発表内容です。

　F先生は、１学期は、関係性と授業の型を作っていくことに「苦心」していました。学級がうまくいかないのは、子どもの行動が原因ではなく自身の「準備ができていないから」であると考えていました。そして、子どもと関係を作るために、会話や遊びを増やし授業の型を作りながら準備を重ね変化がみられるようになりました。２学期は子どもが授業に集中するようになり、子どもや保護者と関係が形成されていきました。その結果、３学期には子どもが教師に悩みを話すようになり、１学期とは違う関わりとなったということです。F先生は、授業と子どもとの関係性を重視しており、授業は型作りと準備に力を入れ、関係性については「共感とアドバイス、指導」をセットにして関わることの大切さを学んだと伝えてくれました。

　支援員のG先生は、２学期に支援に入ったところ（表５）、教師の言うことが子どもに伝わらず、もどかしさを感じる状況でした。３学期にはこれまでのワークショップの内容を踏まえ、まずは一人ひとりと向き合い関わることに努めたそうです。それと平行して子どもをしっかり見るために記録も取っていました。そのようなG先生の努力に対し、同じグループの先生方からは「一人ひとりの子どもの気持ちを大切にして」い

表5　1年間の振り返り

4−7月	8−12月	1−3月
○年生は授業をしっかりしているイメージだった。この時期は○年生の方に行っていたので	○年生が大変な状況になった。一人一人の様子の観察を記録した。どうしたら理解してくれるのだろうと悩んでいた。伝わらないことに対しもどかしさを感じていた	授業が成立しない状況が続いている。しかしよくなった教科もある。男子より女子が乱れて来た。角南先生の研修により一人ひとりとのコミュニケーションに取り組んだ
1年を通した振り返り（大変だったこと、学んだこと）	1年を通した振り返り（大変だったこと、学んだこと）	
子どもたちのことをしっかり見て記録することを頑張りました		
付箋	付箋	
一人一人の必要とされているという気持ちを大切にしていて素晴らしいなと思いました	大変な状況のところにばかり入っていただいています。○○先生の人柄や取り組みのおかげで子どもたちは変わってきました。いつも細かく丁寧にみていただいて素晴らしい先生だと思っています	

るなどの具体的な内容とともに、2名の先生から「素晴らしい」という言葉が付箋に書かれていました。

　最後に1年間の振り返りを全体でひとりずつ発表してもらい、その直後にほめること（肯定的フィードバック）を全員でそれぞれできるだけ大きな声でしてもらうことにしました。時間的に発表者一人ひとりが全員からフィードバックしてもらうと時間が足りません。近くの先生からの言葉しか聞き取れなくても承認や感謝の雰囲気は十分伝わると思いました。

　一人ひとりの先生が言葉につまりながら発表され、それを全員が大きな声で声かけをされていました。

　・ありがとうございます！

　・素晴らしかったです！

　・本当に助けていただきました！

・先生のおかげで子どもが変わりました！

・陰で先生の努力を見ていました！

・子どもとの関わりがとても素敵でした！

　たくさんの温かい言葉が一人ひとりの先生に寄せられているのをその場でお聞きし、感無量でした……。あの大変な状況から諦めずよくここまで努力を続けられたこと、自分が困難な状況にありながら周りの先生の努力やよいところを見出され言葉にし、子どもだけでなく同僚の先生方の力にもなろうとされてきたこと、実際子どもが変わってきたこと、学校全体が落ち着いてきたこと……。

　最後に、筆者からこのような思いとともに努力を拝見していたこと、自分にはとてもできないことなど、先生方を心から尊敬し大変な状況をともに歩ませていただいたことへの感謝をお伝えしながら涙が止まりませんでした。参加されていた先生方も涙を流しながら拍手をしてくださいました。

5．第3回ワークショップの感想

　約2ヶ月の行動実験の結果に関して、以下の内容が書かれました。

・普段しよう（したい）と思っていたことを意識して行うことができた

・自らの行動を振り返り良かったことやこれからこうしていこうという気持ちを見直すことができました

・実験というほど意識はしていなかったが結果として子どもとの関係性が良くなったことは収穫だった

・多角的に軸を変えながら思考することで児童の見方を分析していくことができました

・子どもと関わる時の発言や態度、対応の仕方を学ぶことができた

・子どもの心が満ちている。自信と強さが身についた

・大きな変化はないと思っていましたが皆で研修すると変化に気がつきました

実験という名目ではありましたが、各先生方が困難な状況でも日常的に意識した関わりを行ったことで、それぞれが一定の成果や変化の実感を得られたようでした。

　１年間を振り返ってという項目には
・子どもの見方、関わり方を学んだ
・苦しい時が多かったがとてもいい経験になった
・毎回元気をもらって本当に研修を受けてよかった
・学びの多い一年でした。来年度はポジティブに頑張れそうです
・苦しいことも多かったですが、自分の声かけ等で児童との関係も少しずつ良好になったと思います
・うまくいかないことが多かったが同僚の先生方の助けや保護者の方や地域の方の理解者もできて心強かった

　など、苦しい状況とともに、各自の努力によって子どもとの関係性や同僚性が向上していて、困難状況においても学びがあったことが書かれていました。

　全３回の研修会を通じての感想には、以下のような内容がみられました。
・自分自身の仕事の役割・価値を振り返ることができた
・実践、自分の思い、行動言動を振り返ることに時間を取ることができたのが良かった
・労ってもらって本当にありがたかった。分かってくれる人がいると思えて支えになった
・グループワークは苦手でしたが楽しかったです
・日々会話を交わしているが内面深いところまで知らなかった先生の思いを知ることができた。同じ思いでやっているということが力になった

わかりあうこと、言葉で伝えあうこと、日々の努力を積み重ねること
で、どんなに苦しく困難な状況であっても表面には見えにくくても、関わ
りの中には少しずつ変化が起こっていたようです。言葉にすることがで
きないほど大変な状況の中で、それでも諦めず努力し続けられた先生方
の感想を読んで、改めて尊敬の念を持つとともにこのようなすばらしい
先生方と一時でも時間を共有させていただけたことに感謝しました。

6．まとめ

　最初に、第3回ワークショップの中心課題である振り返りについて、
①〈振り返りの意味を考える〉ことで、達成や大きな変化でなくても、
眺めることに価値がある新たな取り組みとしてスタートすることができ
ました。

　次に③〈実験の途中経過を共有する〉ことに先立ち、②〈ほめる効果
を検討〉しました。大人は "子どものために" ほめることに努めていると
思いますが、実はほめる側である "大人自身" が子どもとの関係性が深ま
り、やりがいや自己の成長を感じるというエンゲージメントが向上する
ような効果が得られることを先行研究（飯島・桂川、2018）から説明し
ました。

　この事実を動機づけとして、次の③〈実験の途中経過を共有する〉で
は、実験の途中経過を子どもの小さな変化とともに記入してもらいまし
た。たとえば、D先生は「必ず一日一回は全員と関わりを持つ」ことを
実験の目標とし、「毎日クラス全員の子と話すように」なったことで「教
師への信頼感が増した、困ったことや悩みなど伝えてくれるようになっ
た」など子どもとの関係性が向上したことが伝えられました。子どもと
の関係性は、悪化すると大人を含む教師のメンタルヘルスにも悪影響を
及ぼし（別府、2013；Hastings & Bham、2003）、関係性が改善するとエ
ンゲージメントも向上する（飯島・桂川、2018）ほど大切な内容である
ことがわかっています。

意識的に努力された関わりの新たな振り返りとして、③〈実験の途中経過を共有する〉では子どもの変化に関する内容を言葉にし、付箋に書くことで視覚化しました。実験の途中経過とすることで大きな成果が出ていなくても共有できるよう配慮しました。この発表を受けて、この実験の何がよかったのかについて聞き手の教師がほめることを意識して肯定的フィードバックを行いました。よかった関わりの要因を多角的に分析し肯定的に伝え返してもらうことは発表者の教師としての自己肯定感を促し、聞き手でありコメントを伝える側の教師はほめる技術が向上するという双方向的な効果があると考えられます。また、「職員同士の思いや気持ちを共有し理解し合えたことが何より良かった」という感想にみられるように教師同士の同僚性の向上にも役立ったと感じました。

　〈実験の途中経過を共有する〉に関するワークショップ後の感想には、「大きな変化はないと思っていましたが皆で研修すると変化に気がつきました」「実験というほど意識はしていなかったが結果として子どもとの関係性が良くなったことは収穫だった」など、目の前の授業や子どもの対応に追われていて日常的にみえにくい変化に自身で気づくきっかけとなりました。多角的に物事を捉え、ときにワークショップなどで立ち止まり自身の行動をこれまでと少し違った振り返りにより俯瞰することも、自身を大切にしながらよりよい実践を行うことにつながると思いました。

　1年間を振り返った感想では、「苦しいことも多かったですが自分の声かけ等で児童との関係も少しずつ良好になったと思います」「うまくいかないことが多かったが同僚の先生方の助けや保護者の方や地域の方の理解者もできて心強かった」など、苦しい状況の中で、自身の努力による肯定的変化に気づき周囲との関係性に支えられ乗り越えられたことが伝わります。最初の事前アンケートでは、苦しみと辛さしか読み取れない状況だったことを考えると先生方の努力により関係性や状況の大きな変化が感じられました。

第5章　自分と子どもを大切にするために

1．相互作用のシステムに気づく

　教育現場では、指導による子どもの行動変容が目指されることが多くあります（保坂、1994）。しかしながら、授業が成立しないような教育困難な状況では、指導がうまくいかず教師の悩みが生じ、教師としての信念が揺らぎ（角南、2022）、さらにストレスやバーンアウト（燃え尽き）が生じる可能性が高くなります（高木・田中、2003）。このような状況において、新たな取り組みを行っていくことはとても難しく、疲弊している教師の心理面にも配慮する必要があります。

　このことは、教師という職業に限ったことではありません。わが子の専門家である親を含む子どもに関わる専門職やどのような立場でも変わらないと思います。なんとか困難な現状を変えたい、改善したいと望むのは当然のことです。しかし、そのときに相手に対し何度も注意したり、わからせようと強い口調で指摘や批判をしたりしても、状況は変わらないことが多くあります。教師への面接調査ではむしろ悪くなる一方だったという悪循環も語られました（角南、2022a）。この悪循環の中では、大人は疲弊し、子どもは反発を強めてしまいます。

　図4にあるように、逆説的ですが困難な状況であっても少し捉え方を変えて関係性が少し変わると、教師を含む大人も少しずつストレスが軽減しエンゲージメントが向上するようになってくるようです。

　第2章で子どもとの関係性という考え方に示したように、子どもとの関わりにおいて生じている問題は、子どもだけに焦点を当てて行動変容を目指しても難しいことがあります。つまり、関わりは相互作用ですので、子どもを大切にするには教師を含む大人自身も大切にする必要があるといえます。したがって、ほめるということも同様の相互作用があるといえます。

2．ほめる技術を応用する

　多くの大人は、子どもや困難な状況を変えるために努力しています。けれども、頑張ってもうまくいかず疲れ果てている自分はどのようにケアしたらよいのでしょうか。自分自身を認め大切にするには……。そもそも認められるところなんてない、と思う方もいるかもしれません。

　そのヒントがエンゲージメントであり、そのための手がかりが第4章の第3回ワークショップで提示した「ほめる技術」にあると思います。全体ワークではグループを作って、認め合うワークを行いましたが、個人ワークでは自分自身を認めるワークをしていただきました。

　ほんの少しの"実験"であっても、自身を認めることは大切です。なぜなら、"挑戦した"からです。挑戦すること、その"プロセス"にも大きな価値があると思います。"結果"は状況によることも多く二の次。そうでなければ、"挑戦"すること自体が怖くなってしまいます。

　大人になってから他者から認められたり、ほめられることなんて滅多にありません。ほとんどのことが"やって当然""できて当然"。うまくいかなければ、指摘されたり批判されたりします。そうなると、認められたりほめられたりすることはなく、指摘や批判が増えてきます。これは、とても厳しい状況だと思います。このような状況では、自己肯定感を高めることの方が難しくなってしまいます。

　それでは、どうしたら現状の小さな努力を認めてもらえるのでしょうか。その答えは1つです。認めてくれる対象を"他者"ではなく、"自分"に変えるのです。他者は自分のことで精一杯ですし、結果しか目には見えにくく、日々いくつもの物事を成果として達成していくことは不可能に近いでしょう。そうなると、認めてくれる対象は必然的に"自分"になると思います。

　自分を認めるにはどうしたらよいでしょうか。それには"技術"が必要です。その技術を向上するために、第4章4-1-1の個人ワークがあります。

以下は、いつでも使える内容です。

> 最近の思いつく状況について、全体を俯瞰的に眺めてみてください
> どのようなイメージが湧くでしょうか

思いついたことを自由にお書きください。

大切なのは、以下の内容です。上記内容を良い悪いの判断を入れずにそのまま眺めます。その後で

> これまでの自分に対して、「ほめる」言葉をできるだけ多く書いてみてください

思いついたことを自由にお書きください。

たとえば、
・そのままでいいよ
・がんばってるね
・今日は相手の話をもう少し聞いてみようと思えたね
・十分ではなかったかもしれないけどその意識が大切だよ
・努力しようとしてることが伝わっているよ・努力していることをわかってるよ
・全部うまくいかなくてもいいんだよ

・ここにいてくれてうれしい

・大事だよ

・ずっと応援してるよ

・気持ちを受け止めてくれてありがとう

　図4にあるように、「ほめる」ことにより子どもだけでなく教師を含む大人自身も「やりがいの実感」「自己の成長」が生じエンゲージメントが向上する（飯島・桂川、2018）という相互作用の効果がみられています。ということは、この「ほめる」技術を自分にも応用することは意味があるのではないでしょうか。そのためには、「ほめる視点」を変え、ほめ方の「工夫」をするという2つが必要です。具体的には、結果ではなく自分の小さな変化に気づき（「ほめる視点」）、いつもと違った言葉で示す（ほめ方の「工夫」）ことです。このことは、直接子どもを「ほめる技術」の向上にもつながり、また上記の1.相互作用のシステムに気づくとも関連し、子どもにもよい影響を及ぼすのではないかと思っています。ほめ方の「工夫」の1つとして、「認める」も入れるとよいのではないかと思っています。子どもを認め、少し声かけを変え、自身の小さな変化にも気づいて自分に対しても言葉にして認めることが、小さな変化を生み出し、子どもと教師を含む大人の両者がともに自己肯定感と安心感のある居場所を作っていくきっかけになるように感じています。

3．言葉にすることを意識する

　ワークショップで3つのタイプのロールプレイングをしたとき、子ども役の先生の感想にあった、「放任」という言葉は重要です。例外的に、発達障害特性のある子どもの問題行動の一場面を対象にして大人の反応を意図的に抑えることがあります。しかし、それは無視ではなくその間の子どもの様子を観察し問題行動以外には肯定的な反応をするという行動療法の1つであり、目的を持った関わりです。通常、関わりの中では、気にかけたり声をかけることで対話が生まれます。その対話が言葉

のキャッチボールのようによい雰囲気で円滑に行われなくても全く大丈夫です。ワークショップに参加したH先生は、暴言を吐く子どもに対し、「明るく返す→そこから対話にもっていく」と書いていました。どのような内容かということも重要ですが、悪循環を少しだけ違う循環にするために断絶している関係を「対話」というキーワードで少しずつつないでいくこともできるように感じます。実際、H先生は学年の終わりには暴言を吐き続けていた子どもが、「H先生だけは自分のことをわかってくれる」と親に打ち明けるまでになりました。ただし、それまでのH先生の状況は想像を超えるものでした……。このように、非常に困難な状況であったとしても、相手を知ることを大切にしながら、ときには人として生じる自分の気持ちを伝え、同じ場にいて小さな「対話」を積み重ねることが人と人との関わりをつなぐものになり得ると実感します。

　対話は会話とは違います。角南（2022b）は、対話は相手を知ることと定義しています。このような対話が関係性に影響を及ぼすとしたら、そのあり方が変われば関係性と悪循環に少し変化がみられるとしたら、とても重要なことだと思われます。

　ここでもう１つ考えていただきたいことが、「自分との対話」です。子どもを含めた他者との対話が関係性を少し変化させる可能性があるとしたら、それを自分にも使ってみるという感覚です。

・このとき自分はどのように感じていたのか？
・なぜ、このような気持ちになったのだろう？

　というような問いかけから始めます。ポイントは、「どのように」「なぜ」というようなプロセスや理由を理解するような問いかけです。上記のように、問いかけから対話は生まれます。その対象が自分ということになります。

　対話を行うのはこの後からです。その問いについて、どのようなことを思っても大丈夫です。そっと頷くだけで、そのまま見守るだけで十分

です。対話のポイントとして、最初に否定をしないことが挙げられます。否定は対話ではなく結果に対する判断や評価になってしまいます。そのような思いが生じる理由が必ずあるはずです。やっと言葉になった思いに自身でそっと耳を傾ける、そのことが大切なのです。

　このように、自分の考えや思いについて少し立ち止まって息を大きく吸ってゆったりと耳を傾けていただけるとうれしいです。「自分との対話」を行うことで少しだけ違う状態の自分と一緒に過ごせるかもしれません。

　そして、このことは自分だけのことではないと思います。関わりは相互作用であるからです。どこかに小さな光があるとその光は自分も相手も暖かく照らすでしょう。そのような小さな光をまずはご自分の中に見出していただけたらと心から願っています。あなたの代わりはひとりもおらず、この世界にとって大切なかけがえのない存在だからです。

おわりに

　子どもがよい方向に変わってくれたら……、というのは大人が持つ共通の思いでしょう。けれども、子どもを含めた他者は誰も自分の思い通りに動かすことはできず、どんなに努力しても変わらないこともいくつもあります。困難な現状が続いたとしても、以前よりさらに難しい状況になってしまったとしても、子どものために小さくても一時的にでも努力しているご自身をほんの少しでも認めていただくことが、結果的に子どもに肯定的な影響を及ぼすのではないかと感じています。

　本書の刊行にあたり、日吉津村役場福祉保健課 矢倉美和子先生には、子どもの発達と学校現場の視点から大変的確なご助言を原稿コメントおよび対話の中で頂戴いたしました。深く感謝申し上げます。また、本書の内容確認とともに多くのご理解、ご高配を賜りました鳥取大学地域価値創造研究教育機構 清水まさ志先生、見ているだけで心が温かくなる素敵な表紙を描いてくださった同 堤晴彩先生に心よりお礼申し上げます。

　本書を手に取ってくださった方々がご自身の努力していること、抱えている悩みの1つが子どもを思うからこそ生じることに気づいてくださり、ご自身のことを"大変な状況の中よくがんばってるね""子どものことを一生懸命考えているからこその辛さだね……""子どもとともに自分自身も大切にしたい"とほんの少しでも思っていただければ、これにまさる喜びはありません。なぜなら、みなさんお一人おひとりが子どもの将来に関与されるだけでなく、ご自身が誰にも代えられない唯一無二の存在だからです。ほんの少しずつ、"今、ここから"ご一緒に進めたらうれしいです。

　2023年3月

角南なおみ

引用・参考文献

秋田喜代美 (2012). 学びの心理学. 左右社.

Baumrind, D (1980). New directions in socialization research. American Psychologist, 35, 639-652.

別府悦子 (2013). 特別支援教育における教師の指導困難とコンサルテーションに関する研究の動向と課題. 特殊教育学研究, 50, 463-472.

Dunlosky, J., Metcalfe, J (2008). Metacognition. Sage Publications.

Hastings, R. P. & Bham, M. S (2003) The relationship between student behaviour patterns and teacher burnout. School Psychology International, 24, 115-128.

保坂亨 (1994). スクールカウンセラーの在り方について：その2 教師との関わりについて. 東京大学教育学部心理教育相談室紀要, 16, 93-105.

本田真, 苅間澤勇人, 河村茂雄, 熊谷圭二郎, 松戸結佳 (2019). 「教育困難校」の可能性を考える. In 日本教育心理学会総会発表論文集 第61回総会発表論文集 (p. 68). 一般社団法人 日本教育心理学会.

飯島有哉・桂川泰典 (2018). 教師の賞賛行動による教師自身のストレス反応およびワーク・エンゲイジメントの変容. 日本教育心理学会発表論文集, 第60回総会, 553.

飯島有哉・山田達人・桂川泰典 (2020). 教師の主観的賞賛行動が生徒の学校生活享受感情および教師自身のワーク・エンゲイジメントに与える効果プロセス. 教育心理学研究, 68, 388-400.

伊藤美奈子 (2000). 教師のバーンアウト傾向を規定する諸要因に関する探索的研究：経験年数・教育観タイプに注目して. 教育心理学研究, 48, 12-20.

川喜田二郎 (1967). 発想法：創造性開発のために. 中央公論社.

Kelchtermans, G (1996). Teacher vulnerability: Understanding its moral and political roots. Cambridge Journal of Education, 26, 307-323.

宮下敏恵 (2013). 小・中学校教師におけるバーンアウト低減のための組織的取り組みに関する検討. 上越教育大学研究紀要, 32, 211-218.

文部科学省 (2007). 児童生徒の教育相談の充実について：学校の教育力を高める組織的な教育相談体制づくり (報告).
https://www.mext.go.jp/component/b_menu/shingi/toushin/__icsFiles/afieldfile/2017/07/27/1381051_2.pdf (2023年1月22日閲覧)

文部科学省 (2022). 通常の学級に在籍する特別な教育的支援を必要とする児童生徒に関する調査結果 (令和4年) について.
https://www.mext.go.jp/content/20221208-mext-tokubetu01-000026255_01.pdf (2023年1月21日閲覧)

日本学校保健会 (2004). 「心の健康づくりに関する調査」心の健康づくり推進委員会. 平成16年度.

落合美貴子（2003）．教師バーンアウト研究の展望．教育心理学研究, 51(3), 351-364.

Schaufeli, W. B., Salanova, M., González-Romá, V., & Bakker, A. B (2002). The measurement of engagement and burnout: A two sample confirmatory factor analytic approach. Journal of Happiness studies, 3, 71-92.

Schön, D (1983). The reflective practitioner: How professional think in action. Basic books.（佐藤　学・秋田喜代美（訳）（2001）．専門家の知恵：反省的実践家は行為しながら考える．ゆみる出版）

Steinberg, L., Morris, A, S (2001). Adolescent development. Annual review of psychology, 52, 83-110.

角南なおみ（2013）．子どもに肯定的変化を促す教師の関わりの特徴：修正版グラウンデッド・セオリー・アプローチによる仮説モデルの生成．教育心理学研究, 61(3), 323-339.

角南なおみ（2014）．子どもに肯定的変化を促す小学校教師の関わりと子どもの変容に関する検討：子どもの視点による質的分析．In 日本教育心理学会総会発表論文集 第56回総会発表論文集, 770.

角南なおみ（2020a）．学校教育における教育相談（角南なおみ（編著）．教育相談：やさしく学ぶ教職課程）．学文社. pp1-4.

角南なおみ（2020b）．子どもの自立に関する心理的考察：トラブル場面における教師と子どもの相互作用に着目して．鳥取大学教育研究論集, 10, 59-69.

角南なおみ（2021）．教育相談に関する教員研修会の検討：教育困難校における実践事例、鳥取大学地域学部附属子どもの発達・学習研究センター年報, 7, pp.103-113.

角南なおみ（2022a）．教師の専門性．学文社.

角南なおみ（2022b）．発達障害傾向のある子どもの居場所感と自己肯定感を育む関わり．今井出版.

角南なおみ（2022c）．教師のエンパワーメントに着目した教育相談研修の検討、鳥取大学地域学部附属子どもの発達・学習研究センター年報, 8, pp.91-100.

高木　亮・田中宏二（2003）．教師の職業ストレッサーに関する研究 教師の職業ストレッサーとバーンアウトの関係を中心に．教育心理学研究, 51, 165-174.

The University of British Columbia (2014). Ostracism more damaging than bullying in the workplace. https://news.ubc.ca/2014/05/29/better-to-be-bullied-than-ignored-in-the-workplace-study/?_fsi=gOnrZQPW（2023年1月14日閲覧）

都丸けい子，庄司一子（2005）．生徒との人間関係における中学校教師の悩みと変容に関する研究．教育心理学研究, 53(4), 467-478.

著者紹介

（著者）角南　なおみ（すなみ　なおみ）鳥取大学医学部助教

東京大学大学院教育学研究科学校教育高度化専攻修了、博士（教育学）。

教育心理学（学校臨床・発達障害）、臨床心理学。公認心理師、臨床心理士、臨床発達心理士。

「自己理解の心理学」（北樹出版、2022年、分担執筆）、「地域医療学ハンドブック」（デザインエッグ社、2022年、分担執筆）、「発達障害における教師の専門性」（学文社、2022年、単著）。「これからの教師研究：20の事例にみる教師研究方法論」（東京図書、2021年、分担執筆）、「教育相談：やさしく学ぶ教職課程」（学文社、2020年、編著）。

鳥取大学CoREブックレットシリーズNo.6

子どもとのより良いかかわりを育むための
一人で学べる体験型ワークショップ
～困難状況で自分と子どもを大切にするために～

2023年3月31日　初版発行

著　者　角　南　なおみ

発　行　今井印刷株式会社
　　　　〒683-0103　鳥取県米子市富益町8
　　　　TEL 0859-28-5551　FAX 0859-48-2058
　　　　https://www.imaibp.co.jp

発　売　今井出版

印　刷　今井印刷株式会社